BEI GRIN MACHT SICH IHR WISSEN BEZAHLT

AF135928

- Wir veröffentlichen Ihre Hausarbeit, Bachelor- und Masterarbeit

- Ihr eigenes eBook und Buch - weltweit in allen wichtigen Shops

- Verdienen Sie an jedem Verkauf

Jetzt bei www.GRIN.com hochladen und kostenlos publizieren

Bibliografische Information der Deutschen Nationalbibliothek:

Die Deutsche Bibliothek verzeichnet diese Publikation in der Deutschen National-bibliografie; detaillierte bibliografische Daten sind im Internet über http://dnb.d-nb.de/ abrufbar.

Impressum:

Copyright © 2016 GRIN Verlag
Druck und Bindung: Books on Demand GmbH, Norderstedt Germany
ISBN: 9783346106520

Dieses Buch bei GRIN:

https://www.grin.com/document/515125

Anonym

Die politischen Reisen des Friedrich III. Leitmotive, Itinerar und Wirksamkeit der Reisepraxis eines spätmittelalterlichen Kaisers

GRIN Verlag

GRIN - Your knowledge has value

Der GRIN Verlag publiziert seit 1998 wissenschaftliche Arbeiten von Studenten, Hochschullehrern und anderen Akademikern als eBook und gedrucktes Buch. Die Verlagswebsite www.grin.com ist die ideale Plattform zur Veröffentlichung von Hausarbeiten, Abschlussarbeiten, wissenschaftlichen Aufsätzen, Dissertationen und Fachbüchern.

Besuchen Sie uns im Internet:

http://www.grin.com/

http://www.facebook.com/grincom

http://www.twitter.com/grin_com

Ruhr-Universität Bochum
Historisches Institut
WiSe 2015/ 2016

Seminararbeit

Die politischen Reisen des Friedrich III.

Leitmotive, Itinerar und Wirksamkeit der Reisepraxis eines spätmittelalterlichen Kaisers

Inhaltsverzeichnis

1. Einleitung

Kaum ein Herrscher wurde sowohl von den Zeitgenossen als auch der Geschichtswissenschaft durchweg über lange Zeit so negativ beurteilt wie Kaiser Friedrich III. Die Speyerer Chronik beschreibt die Zeit unter Friedrich III. 1612 nach der Zeitwende klar negativ: Demnach *waz auch großer unfrit in dutschen landen*, da der *romsche keiser* [...] *bleibe in sinem lande*, und versuche durch *briffen von ime*, zu regieren und nicht etwa durch seine persönliche Präsenz. Zudem kritisiert der Autor, dass viele der *kurfursten off dem Rin* [...] dem Kaiser häufig Bitten zukommen ließen, er möge sie wegen unterschiedlicher Belange aufsuchen, doch *er kam nye zu in*.[1] Auch direkte Zeitgenossen scheuten nicht davor zurück, scharfe Kritik am Kaiser zu üben: An den Toren der Stadt Wien hing (zuerst nur 1470, danach häufiger) ein Pamphlet mit der ganz und gar nicht schmeichelhaften Forderung an den Kaiser: "*stand auff von dem slaff, darinn du lanng nach leibes lust gelegen bist!*". Die dem Kaiser allgemein vorgeworfene politische Untätigkeit in der Türkenabwehr und anderer reichspolitische Belangen, sowie einige negative Bemerkungen der Zeitgenossen, die teilweise sogar zu seinem eigenen Hof gehörten,[2] brachten Friedrich III. den populären Beinamen als "Erzschlafmütze des Heiligen Römischen Reiches" ein.[3] Mit Blick in das Reiseitinerar Friedrichs wird deutlich, dass er seine längste Wegstrecke im Jahr 1442 zu seiner Krönungsreise nach Aachen und zurück zurücklegte, während in den Jahren 1454, 1463-1465, 1479, 1481, 1482 sowie 1490-1493 überhaupt kein Ortswechsel seinerseits stattfand.[4] Doch wie ist die politische Wirksamkeit Friedrichs unter diesen Gesichtspunkten zu bewerten? Fakt ist, dass die Bewältigung des Raumes auch im Spätmittelalter noch ein fundamentales Problem jeglicher weltlicher Herrschaftsträger war. Deutschland konnte (vor der Erfindung des Postwesens) nicht schneller als in einem Monat durchquert werden und rascher konnten in der Regel daher auch keine Nachrichten verteilt werden. Grundlage dieses problematischen Zustandes ist die extrem ungleiche geographische Verteilung der Adressaten von königlichen Dokumenten, welche ohnehin nur mit größter Mühe durch die ersten Verzeichnisse aller Reichsglieder erfasst werden konnten, sowie das Fehlen von übersichtlichen kartographisch- geographischen

---

1   Mone, Franz Joseph (Hg.): 183. Kriege in Teutschland. Unthätigkeit des Kaisers, in: Quellensammlung der badischen Landesgeschichte Bd. 1, Karlsruhe 1848, S. 450.
2   Haller, Brigitte: Kaiser Friedrich III. im Urteil der Zeitgenossen (Wiener Dissertationen aus dem Gebiete der Geschichte ; 5), Wien 1965, S. 11 (Im Folgenden zitiert als: Haller: Kaiser Friedrich III. im Urteil).
3   Rill, Bernd: Friedrich III. Habsburgs europäischer Durchbruch, Graz [u.a.] 1987, S. 170 (Im Folgenden zitiert als: Rill, Friedrich III.).
4   Laczny, Joachim: Friedrich III. (1440-1493) auf Reisen. Die Erstellung des Itinerars eines spätmittelalterlichen Herrschers unter Anwendung eines Historical Geographie Information System (Historical GIS), in: Joachim Laczny; Jürgen Sarnowsky (Hgg.): Perzeption und Rezeption: Wahrnehmung und Deutung im Mittelalter und in der Moderne (Nova mediaevalia / 12), Göttingen 2014, S. 33-66, S. 54 (Im Folgenden zitiert als: Laczny: Friedrich III. auf Reisen).

Materialien zur Orientierung im Raum.[5] In der Vorrede des wohl ersten modernen Atlas *Theatrum orbis terrarum* von 1570 wird die Geographie als *historiae oculus*, also als Auge der Geschichte bezeichnet. Karten und Reiserouten organisieren den konstruierten Raum und sind damit seit langer Zeit zentral für die Orientierung der Menschen durch Raum und Zeit.[6] Friedrich musste also – trotz seiner durchaus langen Phasen der Herrschaftsausübung ohne Reisen – sein Reich in Form seiner schriftlichen Nachrichten mit der selben Geschwindigkeit verwalten, wie durch sein hypothetisches Reisen.

Zentrales Anliegen dieser Hausarbeit soll aber sein, die politische Wirksamkeit Friedrichs und die Praxis seiner Reiseherrschaft anhand von vier seiner dokumentierten, politisch motivierten Reisen aufzuzeigen, die jeweils in unterschiedlichen Lebensphasen seiner langen Regierungszeit stattfanden. Dadurch soll – wie es schon längst in der jüngeren Forschung häufig geschehen ist – das zu Beginn aufgezeigte, hartnäckige Negativbild Friedrichs relativiert werden. Auf die Aufschlüsselung des historischen Kontextes wird nur am Rande und nur in Korrelation mit Friedrichs Handlungen eingegangen. Nach der Einleitung folgt zunächst die Klärung der Frage nach den Leitmotiven Friedrichs – welche freilich mit den Gegebenheiten seiner individuellen Biographie in Kohärenz stehen – die ihn während seiner gesamten Regierungszeit begleiteten. Daran anschließend, werden die vier erwählten Reisen in chronologischer Reihenfolge vorgestellt, wobei die zeitlichen Lücken durch grobe Ergänzungen der wichtigsten Ereignisse geschlossen werden. Abschließend erfolgt ein analytischer und bewertender Blick auf das Gesamtitinerar Friedrichs, welcher die Ansätze und Meinungen der aktuellen Forschung miteinbezieht. Die Ergebnisse der Arbeit werden abschließend in Form eines Fazits zusammengetragen.

2. Politische Leitmotive Friedrichs III.

Der Habsburger wurde am 21.09.1415 in Innsbruck geboren. Frühzeitig verwaist und gereift, setzte Friedrich sowohl seinem Vormund Herzog Friedrich IV. wie auch seinem anspruchsvollen Bruder Erzherzog Albrecht VI. gegenüber seine Rechte durch. Erst 1435 vermochte er sich seiner Vormundschaft völlig zu entziehen. Durch die Todesfälle des Jahres 1439 von Friedrich IV. und König Albrecht II. wurde der erst 24 jährige Friedrich zum Oberhaupt der Habsburger Dynastie.[7]

---

5 Moraw, Peter: Reisen im europäischen Spätmittelalter im Licht der neueren historischen Forschung, in: Xenja von Ertzdorff; Dieter Neukirch; Rudolf Schulz (Hgg.): Reisen und Reiseliteratur im Mittelalter und in der Frühen Neuzeit (Chloe. Beihefte zum Daphnis / 13), Amsterdam 1992, S. 113-139, S. 123.
6 Laczny: Friedrich III. auf Reisen, S. 33.
7 Lhotsky, Alphons: Friedrich III., in: Neue Deutsche Biographie 5 (1961), Sp. 484-487 (Im Folgenden zitiert als: Lhotsky: Friedrich III.).

1440 erfolgte dann seine Wahl zum römisch- deutschen König. Aufgrund von Hausmachtsproblemen in Böhmen und Ungarn sowie der Auseinandersetzungen mit dem Bruder Albrecht konnte er die Krönungsreise ins Reich jedoch erst zwei Jahre später – im Februar 1442 – antreten.[8] Das Stichwort Hausmacht ist entscheidend bei der Analyse der politischen Tätigkeiten Friedrichs III. Waren die materiellen Grundlagen der Königsherrschaft im Hochmittelalter noch durch das unter der unmittelbaren Herrschaft des Königs stehende Reichskammergut gesichert, so war dies im Spätmittelalter nicht mehr möglich. Das spätmittelalterliche Königtum verfügte weder über eine Ämterorganisation auf regionaler Ebene noch über eine Zentralkasse, die sich hauptamtlich mit der Einziehung und Verwaltung der königlichen Einkünfte hätte befassen können. Diese Aufgaben wurden in der Regel vom im Reich umherreisenden König selbst oder von Fall zu Fall beauftragten Amtsträgern wahrgenommen. In Folge der katastrophalen Finanzsituation musste sich das Königtum im Spätmittelalter, um die Reichsaufgaben bewältigen zu können, in zunehmendem Maße auf die eigenen Erblande, sprich die eigene Hausmacht, stützen.[9] Friedrich machte durch seine politische Taten deutlich, dass für ihn als Reichsoberhaupt die eigenen Erblande die entscheidende Machtbasis blieb und konzentrierte sich während seiner gesamten Regierungszeit auf die Verbesserung und den Ausbau des Habsburger Machtbereichs. Seine Politik kennzeichnet das vermehrte Zurückgreifen auf die traditionelle, kaiserliche Verfügungsgewalt über kirchliche Ämter, durch die er seinen Höflingen zu kirchlichen Lehen verhalf. Jene Kleriker setzte er dann in die entsprechenden Ämter ein, um über sie als Reichsoberhaupt verfügen zu können.[10] Außerdem lassen seine politischen Taten seine klaren Bestrebungen zur Vergrößerung der eigenen Erblande – insbesondere durch das Wiedergewinnen der 1415 an die Eidgenossen verloren gegangenen Besitzungen – erkennen.[11]

3. Die politischen Reisen des Friedrich III.

3.1. Die Krönungsreise nach Aachen – 1442/ 43

Friedrich III. konnte, weil er von Hausmachtsproblemen mit Böhmen und Ungarn, sowie tiefgreifender Auseinandersetzungen mit seinem Bruder Albrecht zurückgehalten wurde, seine Krönungsreise nach Aachen erst im Februar 1442 antreten.[12]

---

8 Koller, Heinrich: Art. Friedrich III., in: LexMa 4 (1989), Sp. 940-943 (Im Folgenden zitiert als: Koller: Friedrich III. (LexMa)).
9 Krieger, Karl-Friedrich: König, Reich und Reichsreform im Spätmittelalter, München[2] 2005, S. 31-35.
10 Koller, Heinrich: Kaiser Friedrich III. (Gestalten des Mittelalters und der Renaissance), Darmstadt 2005, S. 256 (Im Folgenden zitiert als: Koller: Kaiser Friedrich III.).
11 Koller: Friedrich III. (LexMa), Sp. 940-943.
12 Krieger, Karl-Friedrich: Die Habsburger im Mittelalter. Von Rudolf I. bis Friedrich III. (Kohlhammer-Urban-Taschenbücher / 452), Stuttgart[2] [u.a.] 2004, S. 172 (Im Folgenden zitiert als: Krieger: Die Habsburger).

Die Möglichkeit, dass ein willentliches politisches Kalkül hinter dem Zögern der feierlichen Annahme der Wahl Friedrichs zum König besteht, besteht allerdings ebenfalls, indem er demonstrierte, dass für ihn nicht der Wille der Kurfürsten, sondern die eigene Entscheidungsfreiheit Voraussetzung für die königliche Würde sei.[13] Vorbereitend wurden Fragen von Vormundschaften und Regierungsgewalt genaustens auf die erwartete Reisedauer abgestimmt. Die Aachenfahrt insgesamt war am Hof Friedrichs sehr genau dokumentiert und vorausgeplant: Neben relativ genauen Ortsangaben enthält es hauptsächlich eine kurze Bemerkung über den Aufwand der für den neuen König vorbereiteten Feierlichkeiten. Weitere Notizen geben Aufschluss darüber, dass der Herrscher wohl daran interessiert war, dass ihm technische Leistungen wie Salinen in Hall und Reichenhall aber auch die große Orgel in Salzburg vorgeführt werden sollte. Besichtigt wurden außerdem Kirchen und Reliquien, deren Wert den Habsburger offensichtlich beeindruckten. Bewundert wurden außerdem auch Städte, Schlösser und Residenzen, die sich teils noch im Aufbau befanden. Der ansonsten durchaus sehr sparsame Herrscher reiste also mit beachtlichem Aufwand und Gefolge und wurde durch die von seinen Räten initiierten Auftritte überall von der Bevölkerung mit Begeisterung empfangen und gefeiert. Die politisch-propagandistische Bedeutung dieser Krönungsreise war daher ein voller Erfolg. Als er 1442 die Fahrt in Graz angetreten hatte, verbrachte er zwei Wochen im Kloster Rein, wo er – den entstandenen Urkunden zu urteilen – seinen für ihn als Reichsoberhaupt nützlichen Personenkreis um sich vergrößerte. Trotz des großen, schwer beweglichen Gefolges wurden fortan beachtliche Strecken zurückgelegt. Der König hatte es nachweislich eilig und die Zielstrebigkeit wurde in der Regel nur von politischen Verhandlungstreffen, wie etwa dem einwöchigen Treffen mit dem Erzbischof in Salzburg, unterbrochen. Allgemein wurde in Bistümern, mit denen Friedrich enger zusammenarbeitete oder zusammenarbeiten wollte (wie Salzburg, Augsburg und Straßburg) länger halt gemacht als in jenen, dessen Kirchenfürsten dem Habsburger kaum nahe standen (bspw. Würzburg und Worms).

Friedrichs Wiedersehen mit seiner Schwester und ihrem Gatten, dem sächsischen Kurfürsten, hatte vermutlich neben der persönlichen Freude Friedrichs ebenfalls eine politische Funktion. Der Kurfürst war extra nach Nürnberg angereist und trug Friedrich sein Bitten vor, die Bestätigung seiner persönlichen Vorrechte abzusegnen. Die schon durch die 1439 erfolgte Heirat seiner Schwester und die dadurch bestehende Verbindung zu den Wettinern wurde hierbei also ebenso zusätzlich gefestigt, wie seine eigene Stellung im Reich durch dieses Bündnis. In Folge dessen, reiste Friedrich zügig weiter nach Frankfurt und schließlich nach

---

13 Koller: Friedrich III. (LexMa), Sp. 940-943.

Aachen, wo er am 15. Juni eintraf und am Sonntag den 17. Juni gekrönt wurde. Er stellte persönlich den genauen Ablauf der Zeremonie sicher, da dies seiner Ansicht nach für die Rechtmäßigkeit des Vorgangs ganz entscheidend war. Das Ereignis selbst gab Anlass, mit traditionellen Handlungen und Symbolen – wie einem aufwendigen Mahl – mit den höchsten Würdenträgern, den Glanz des Reiches aufleben zu lassen. Doch wurde darüber hinaus eine allgemeine ungehemmte Fröhlichkeit durch reichliche Speisen und Wein für die Bevölkerung ermöglicht. Der ansonsten eher stille König verstand also genau die Bedeutung der Sympathien der weiten Kreise in Bevölkerung und weltlichen Machthabern für seinen persönlichen Rückhalt im Reich.[14] Da sein Regierungsbeginn also durch gute Vorzeichen begründet waren, konnte er unbekümmert seinen wichtigsten Erstanliegen als König nachgehen. Er verbriefte zunächst in Aachen das Bündnis mit der Stadt Zürich, mit dessen Hilfe die 1415 an die Eidgenossen verloren gegangenen Besitzungen zurückgewonnen werden sollten. Am 14. August erließ er in Frankfurt die *Reformation Kaiser Friedrichs*, welche das Rechtsleben verbessern sollte.[15]

Friedrich verließ am 18. August mit samt seinem Gefolge Frankfurt und vermied es bei seiner Reise in lokale Probleme verstrickt zu werden. Kurze Besuche in den Bischofsstädten Mainz, Worms und Speyer kamen ebenso vor, wie kürzere Aufenthalte in den traditionellen Habsburger Stützpunkten Breisach, Freiburg, Ensisheim, Mühlhausen, Rheinfelden, Laufenburg und Waldshut. Bedeutsam wurde der vom 19. bis 29 September erfolgte Aufenthalt in Zürich, bei dem das Bündnis mit der Bürgergemeinde bekräftigt wurde, sowie eine Erörterung, auf welche Weise die Stadt Bern den Aargau aufgeben sollte, welchen sie immer noch besetzt hielt. In Zürich erfolgte dann ebenfalls die weitere Planung der Reiseroute Friedrichs. So konnte der König anschließend zu den 1415 verloren gegangenen österreichischen Besitzungen reisen. Über Winterthur und Baden ging es nach Königsfelden, wo er die Gedenkstätte der Gefallenen von Sempach aufsuchte. Anschließend ritt Friedrich nach Brugg, Aarau, Solothurn und Bern um den ansässigen Amtsträgern ihre Rechte zu bestätigen und zu bekräftigen. In Basel führte er dann diplomatische Gespräche mit Herzog Ludwig von Savoyen, der ihn um die Unterstützung seines Onkels Felix V., des Konzilpapstes, bat. Am 19. und 23. Oktober erreichte Friedrich Lausanne und Genf, wo er mit gebührenden Ehrungen in Form von prunkvollen Festen empfangen wurde.[16] In den folgenden Monaten konnten durch Friedrichs gezielte Bestrebungen um den österreichischen Herrschaftssitz einige Teile der verlorenen Herrschaften dem habsburgischen Machtbereich

---

14 Koller: Kaiser Friedrich III., S. 75-78.
15 Koller: Friedrich III. (LexMa), Sp. 940-943.
16 Koller: Kaiser Friedrich III., S. 84-87.

wieder einverleibt werden. Das diese durchaus ambitionierten Handlungen Friedrichs natürlich nicht ohne Auseinandersetzungen vonstatten gingen zeigen die Vorgänge der bewaffneten Auseinandersetzungen für Zürich. Als diese äußerst unglücklich verliefen, suchte Friedrich weitere Hilfe bei anderen Machthabern und in Frankreich, dessen König Armagnaken gegen die Eidgenossen einsetzte. In Folge der Aufhebung des Waffenstillstandes im Zürichkrieg wurde das gesamte Umland verwüstet. Die Ausschreitungen wurden Friedrich III. als Verursacher angelasteten, was seinen Gegnern Auftrieb gab. Gleichzeitig verschärfte sich die Krise in den österreichischen Kernländern des Habsburgers. Gewalttätige Söldnerführer und weitere Einfälle bedrängten die Bevölkerung. Friedrich sah sich also nach seiner positiven, aber auch ambitionierten Anfangsphase als König in den Folgejahren nach seiner Krönung in den eigenen Kernlanden zunehmend bedrängt. Er schloss daher mit seinem Einverständnis im Wiener Konkordat ein Bündnis mit dem Papsttum, welches Friedrich – auch neben seiner folgenden Kaiserkrönung – wichtige Vorteile einbrachte.[17]

3.2 Der Romzug und die Kaiserkrönung – 1451/ 52

Die Versöhnung König Friedrichs mit dem Papst im Konkordat von 1448 sollte dazu beitragen, dem Reich den Frieden zu bringen, konnte allerdings kaum die Gegensätze der Fürsten zur Kurie abbauen. Im Reich übertrumpften die Meldungen von erfolgreichen Auseinandersetzungen der Christen aus dem südwestlichen Gebieten des Abendlandes. Die erlittenen Niederlagen auf dem Balkan und die drohende Gefahr, die von den Heiden ausging, wurde auf einen relativ kleinen Raum des Orients beschränkt. Friedrich sah die Situation also als günstig an, seine eigene Position mit der kaiserlichen Krone zu stärken. Zudem stärkte er seinen Grenzbereich in Richtung iberischer Halbinsel, indem er die Heirat mit der portugiesischen Prinzessin Eleonore in die Wege leitete, die ebenfalls im Zuge seiner Romfahrt stattfinden sollte.[18] Die Heirat mit der Königstochter war von tiefgreifenden politischen Überlegungen seitens Friedrich begleitet: Sowohl durch die Stärkung des Einflusses, der durch ihre verwandtschaftlichen Einflüsse auf der iberischen Halbinsel und in den französischen Raum möglich war, als auch die finanziellen Möglichkeiten, die mit einer Heirat in den romanischen Raum verbunden waren, machten sie zu einer sehr geeigneten Partie.

17 Koller: Friedrich III. (LexMa), Sp. 940-943.
18 Koller: Kaiser Friedrich III., S. 121.

Nach einer Vielzahl von potentiellen Bräuten musste Friedrich sich außerdem nicht in Form einer Begründung der neuen heiratspolitischen Haustradition rechtfertigen, da bspw. Friedrich der Schöne und Rudolf III. als Habsburger vor ihm in den romanischen Raum einheirateten.[19] Das erste seiner wichtigen Ziele in der Planung der Romfahrt war die Stadt Siena, wo er das erste mal persönlich mit seiner angehenden Braut zusammentreffen sollte. Er plante nicht nur seine eigene, sondern auch die Reise Eleonores sorgfältig und persönlich. Am 4. Oktober stellte er eine ansehnliche Gesandtschaft zusammen, die mit der Aufgabe betraut wurden, seine Braut im Hafen von Talamone zu empfangen und nach Siena zu geleiten. Gleichzeitig versammelte er seine Anhänger in Wien, informierte sie über die bevorstehende Reise und versprach, für entsprechenden Regierungsersatz zu sorgen. Ohne lange Verhandlungen bestimmte er selbst, wer ihn vertreten werde und stieß mit seiner Auswahl teilweise auf den Unwillen in der Bevölkerung, wodurch es sogar zeitige Proteste gab. Einige der Feinde Friedrichs versammelten sich am 14. Oktober mit der Forderung, dass Ladislaus aus der Vormundschaft entlassen werde und als Landesherr eingesetzt werde. Friedrich negierte dies mit der Begründung, die Entlassung aus einer Vormundschaft obliege nicht ihm allein. Zum Trotz seiner Gegner begab sich Friedrich nun Mitte November mit Ladislaus und Albrecht nach Graz um schließlich seine Krönungsreise nach Rom anzutreten.

Damit räumte er seinen Gegnern freie Hand ein. Diese verstanden sich fortan als eine Art Landtag und rotteten sich in einer Beachtlichen Anzahl zusammen. Ulrich von Eitzig hielt am 12. Dezember eine eindringliche Rede, bei der zum einen erneut die Befreiung Ladislaus gefordert wurde und andererseits die Schwester von Ladislaus in schäbiger Kleidung des gemeinen Volkes präsentiert wurde. Der Vorwurf seiner Gegner, Friedrich wäre geizig und niederträchtig wurde hier also gezielt propagandistisch in der Allgemeinheit bestärkt. Gegen den Rat vieler seiner Vertrauten sich der Sache anzunehmen, entschied sich Friedrich von Graz aus seine Reise zu beginnen, da die Vorbereitungen seiner Reise schon zu weit fortgeschritten waren und eine weitere Unterbrechung nicht zuließen. Sein Weg führte ihn zunächst nach Kärnten und über Treviso mit kleineren Zwischenstationen nach Ferrara. Bis auf letztere Station, in der er vom 17. bis 24. verweilte, verlief die Reise zügig und nur mit geringen politischen Aktivitäten Friedrichs. Die Fahrt bekam erst ihren feierlichen Charakter in Florenz, wo aufgrund von unvorhergesehenen Verzögerungen auf Seiten Eleonores Anfang Februar 1452 neue Termine für das Treffen mit der angehenden Braut Friedrichs III. vereinbart wurden.[20]

---

19 Rill, Friedrich III., S. 97 ff.
20 Koller: Kaiser Friedrich III., S. 121 f.

Diese litt den Quellen zur Folge nach offenbar an der Seekrankheit, was die Anreise zur See nach Italien ebenso erschwerte, wie die reelle Angst vor Überfällen durch Piraten, welche tatsächlich zu einem Verlust von zwei Schiffen der Reiseflotte geführt haben sollen. Friedrich, der über Florenz bereits am 7. Februar nach Siena gereist war, musste dort auf Grund der Verzögerungen länger als geplant verweilen.

Als Eleonore schließlich an der Küste Livornos Land betrat, reiste sie zügig mit einer ansehnlichen Gesandtschaft nach Pisa. Da sich zu dieser Zeit Alfons von Aragonien mit Neapel und den Venezianern in einem Krieg gegen Francesco Sforza mit den Florentinern befand, war der toskanische Raum in einem turbulenten Zustand der militärischen und politischen Ausnahme. Friedrich entsandte daher Aeneas Sylvius mit einem Stab an Helfern, die der angehenden Braut den Weg bereiten sollten. Auch die repräsentative Wirkung des wichtigen Begleiterstabes war nicht zu verachten, wie eine Quelle aus *ein anonymer Romzugsbericht* von 1452 aufzeigt:[21]

> *"Es ist auch zu Florentz komen gar ain herliche potschaft des küngs von Portigal ze mal costlich. Die selben prächten da die ersten bottschafft, das die vil loblichest die künigin, ietzunt mächtige kaiserin, gen Pißa zu komen wär [...] vnd der küng schickt von stund ain mächtige potschaft gen Bisa wol mit vierhundert pfärden, zu empfahen sein liebsten gemahel [...]."* (Z. 127-137)

In Pisa traf Aeneas dann auf Eleonora mit samt den von Friedrich Gesandten, und ihrem portugiesischen Gefolge. Es erhob sich ein eifriges Debattieren darüber, welche von beiden Teilen die protokollarische Ehre gebühre, die Braut zu Friedrich nach Siena zu führen. Auf Grund des Etikettenbewusstsein und der allgemeinen Höflichkeit gegenüber der königlichen Dame ging das Debattieren volle zwei Wochen. Aeneas setzte sich schließlich durch und geleitete die Königstochter nach Siena, wo sie mit gebührenden Ehrungen empfangen wurde.[22] Die bei dem folgenden Zeremoniell auftretenden Komplikationen wegen vermeintlichen Kleinigkeiten, verdeutlichen die Bedeutung des Geschehens:

---

21 Hack, Achim Thomas: Ein anonymer Romzugsbericht von 1452 (PS-Enenkel) mit den zugehörigen Personenlisten: (Teilnehmerlisten, Ritterschlagslisten, römische Einzugsordnung) (Zeitschrift für deutsches Altertum und deutsche Literatur. Beiheft / 7), Stuttgart 2007, S. 17.
22 Rill, Friedrich III., S. 97-100.

Es gab erneute Probleme, als Friedrich am 24. Februar in Siena das erste mal Eleonore zu Gesicht bekam. Er soll nämlich einerseits von Gebaren und Erscheinung seiner Braut beeindruckt und andererseits über ihre zarte Gestalt bestürzt gewesen sein, die ihm nur schwerlich vorstellbar zu einer Vielzahl an Kindern verhelfen könne. Über Viterbo, wo sich die Bevölkerung einiger Kleidungsstücke und des Pferdes Friedrichs nach angeblich altem Brauch bemächtigten, kam man am 6. März nach Sutri, wo weitere Einzelheiten der Feierlichkeiten geplant wurden. Am Abend des 8. März war Friedrich dann vor Rom, wo er am 9. März mit den gebührenden Ehrungen empfangen wurde und im Vatikan Quartier nahm. In den folgenden Tagen wurde mit Papst Nikolaus V. persönlich einiges besprochen und abgestimmt. Die Verhandlungen wurden mit dem päpstlichen Privileg eingeleitet, mit dem der Habsburger von seinem Beichtvater von allen Sünden befreit werden konnte. Insgesamt verblieb der konkrete Inhalt der Gespräche zwischen Papst und angehendem Kaiser jedoch geheim. Lediglich grobe Themenschwerpunkte, wie etwa die Expansion der Türken und die damit verbundene Gefahr für Byzanz, die genauen Details der kommenden Kaiserkrönung und die Frage nach der lombardischen Krönung, die der Papst entgegen der Tradition selbst vollziehen wollte, waren bekannt.[23]

Am Donnerstag des 16. März 1452 wurde Friedrich dann schließlich mit seiner Braut vom Papst persönlich verheiratet. Noch am selben Tag erfolgte die ebenfalls durch den Papst durchgeführte Krönung des Habsburgers mit der Eisernen Krone (bzw. einem verfügbaren Ersatzsymbol) der Lombarden. Am drei Tage späteren Sonntag, dem 19. März 1452 erfolgte dann schließlich die Verleihung der kaiserlichen Würde an das Paar, das in Folge der Krönung mit den prunkvollen imperialen Insignien ausgestattet wurde, die aus Nürnberg bereitgestellt worden waren. Abschließend leistete Friedrich dem Papst den Marschalldienst: Er hielt den Steigbügel und führte das Pferd des Nikolaus einige Schritte und bekam als Gegenleistung die Würde eines Domherren und einen Ornat, der in seinem Aussehen an bischöflichen Rang erinnert. Ein feierliches Festmahl beendete dem Brauch gemäß die Krönungszeremonie. Allerdings war Friedrich danach noch zu einem weiteren Zeremoniell verpflichtet: Unter anderem musste er dreihundert Männer bei der Engelsburg zu Rittern schlagen. Die umfangreichen Feierlichkeiten gaben der Bevölkerung Anlass zur kollektiven Begeisterung, welche der Kaiser zur Hervorhebung des Glanzes seines Hauses nutzte, indem er beeindruckende Aufritte von ihm selbst, seinem Bruder und Ladislaus demonstrierte.[24]

---

23 Koller: Kaiser Friedrich III., S. 123 f.
24 Ebd., S. 124.

Friedrich zeigte sich also in Rom als oberster Herrscher der Weltlichkeit und illustrierte sich und seine Familie als Träger und Garant der imperialen Macht. Der Kaiser verließ Rom am 24. März und widmete sich politischen Aufgaben, welche er in den letzten Wochen bei Seite gelassen hatte. Die Reise führte ihn zunächst zu König Alfons nach Neapel, wo er am 29. März eintraf. Seine Gattin folgte wenige Tage später. Der Aufenthalt war vorerst ein Höflichkeitsbesuch, mit dem der Dank für das knüpfen der Kontakte der Eheschließung Friedrichs ausgedrückt werden sollte. Schließlich kamen aber doch auf Drängen des Gastgebers politische Belange zur Sprache: Alfons war offener Gegner des neuen Herren von Mailand Francesco Sforza, für dessen Sturz er angeblich sogar Pläne hatte. Friedrich jedoch hatte weder regen Kontakt zu Mailand, noch zählte er sich offen zu den Gegnern und die Ausschaltung Sforzas wurde nicht weiter geplant. Friedrich bemühte sich jedoch stets durch seine eigene Diplomatie mit Hilfe des Papstes, die gegensätzlichen Ansichten abzubauen, sich für den Frieden im Reich einzusetzen und seinen Einfluss im Nordosten Italiens und insbesondere Neapel auszubauen.[25]

Abermals trennten sich die Wege Friedrichs und seiner Frau in Neapel. Trotz ihrer Seekrankheit fuhr Eleonore über See vor nach Venedig, während der Kaiser nochmals nach Rom ritt, wo er nur wenige Tage verblieb. Mit seiner Gefolgschaft ritt er zügig nach Siena und Florenz, wo er etwas länger rastete. Vermutlich wurden dort tiefgreifendere Gespräche zu der Lage im Abwehrkampf gegen die Osmanen in Byzanz und des sich bemerkbar machenden Unwillen bei der Beteiligung an der Abwehr seitens der Bürger. Die Interessen des Kaisers wurden hier also mit wenig Erfolg durchgesetzt. Wichtiger waren die folgenden Verhandlungen in Ferrara, wo der Kaiser länger verblieb und den Herren der Stadt zum Herzog und Grafen der umliegenden Gebiete erhob. Gleichzeitig ernannte er mehrere seiner Gefolgsleute zu Räten des Kaisers. Der neue Herzog und Graf Borso von Este übertrug dem Kaiser daraufhin beachtliche Beiträge und wirkte von nun an als wichtiger Verbündeter im Süden für seine eigene Territorialpolitik. Mit den selben Überlegungen erfolgte auch des Kaisers nächste Reisestation in Venedig. Am 21. Mai kam Friedrich in die Stadt, wo er mit seiner Frau zusammen traf. Es wurden Gespräche über den Krieg mit Mailand zur Sprache, wobei der Kaiser stets darum bemüht war, die Gegensätze abzubauen und Frieden zu stiften, was allerdings entschieden zurückgewiesen wurde.[26]

---

25 Koller: Kaiser Friedrich III., S. 123 ff.
26 Ebd.., S. 125.

In Venedig, das seit Barbarossa kein Kaiser mehr betreten hatte und das sich schon immer den deutschen Herrschern gegenüber ziemlich spröde gezeigt hatte, wurde Friedrich zwar wegen erwiesener politischer Harmlosigkeit aufwendig empfangen. Doch als er dem Dogen explizit empfahl, mit den mailändischen und florentinischen Nachbarn Frieden zu halten, hatte er seine Grenzen in Venedig überschritten: Die Venezianer antworteten frostig, dass man einen Kaiser nicht anlügen dürfe und berichteten ihm offen von ihren Plänen diesen Krieg in jedem Fall zu führen. Sicherlich stand auch die Lage in Byzanz im Mittelpunkt der politischen Gespräche. Auch wenn keine genaue Einzelheiten hierzu überliefert sind, ist durch diverse Quellen überliefert, dass Friedrich durch wenig energische Maßnahmen enttäuschte.[27] Insgesamt konnte der Kaiser auf seine Rückreise aus Rom seine Bindung zu den oberitalischen Machthabern zwar ein wenig verbessern und festigen, allerdings auch nicht mehr.[28]

Es kamen daher auf der Rückreise Zweifel auf, ob der Titel mit den sehr bemühten Ehrerbietungen politisch überhaupt etwas eingebracht hatten. Selbst Aeneas Sylvius, der unermüdliche Propagandist der Kaiserlichkeit, mischt in seinen Bericht über den Krönungszug, der doch auch für ihn persönlich ein großer Erfolg gewesen war, kritische bis gar spöttische Aussagen, etwa über die Bescheidenheit des Krönungsornats und das angebliche Krönungsschwert Karls des Großen, auf das unübersehbar der böhmische Löwe eingraviert gewesen sei, das also aus luxemburgischer Zeit gestammt haben muss. Er berichtet weiter, dass im Zuge seiner Krönung der Papst Friedrich erlaubt habe, seine Gebiete zu vermehren und vergrößern, was er als Aeneas als geradezu lächerlich bewertet. Interessanter wäre da schon eher die päpstliche Bewilligung, von den geistlichen Fürsten des Reiches für den Krieg gegen die Ungläubigen den Zehnten zu erheben, und zwar durch die Bischöfe in Siena und Gurk sowie durch den Erzbischof von Köln. Die übrigen Konzessionen geistlicher Art wären einem anderen als dem Kaiser zwar nie verliehen worden, aber konnten wohl nicht als adäquate Ausbeute eines Romzuges bezeichnet werden. Insgesamt, so urteilt Aeneas, sei Friedrich jedoch gut und souverän durch das politisch um diese zeit hochbrisante Italien gereist, bei dem mit Mailand, Venedig, Florenz, Neapel und dem Kirchenstaat fünf etwa gleichgewichtige Mächte teils militärische, teils machtpolitische Gegenpositionen einnahmen.[29] Den letzten Teil der Fahrt im Juni 1452 legte er dann gemeinsam mit seiner jungen Frau zurück, über Portenau reiste Friedrich nach Villach, St. Veit, Judenburg und Bruck, wobei die Quellen immer wieder die Bewunderung Eleonores für die Schönheit der

---

27 Rill, Friedrich III., S. 97-100.
28 Koller: Kaiser Friedrich III., S. 125.
29 Rill, Friedrich III., S. 106 f.

Landschaften hervorheben. Bei der Ankunft in Wiener Neustadt am 20. Juni wurde Friedrich dann schließlich den unangenehmen Vorgängen in Österreich seit seiner Abwesenheit gegenübergestellt. Ulrich von Eitzig hatte die Zahl seiner Anhänger erheblich ausbauen können und es ergab sich eine machtvolle Opposition hinter der sich wohl ein Großteil des Herzogtums stellte. Ende Juli versammelte sich jene Opposition zu Wien und übersandten ihm an die 500 Absagebriefe. Um den Aufstand im Keim zu ersticken entsandte Friedrich seinen Feldhauptmann Rüdiger von Starhemberg gegen Wien, der allerdings bereits an den Toren der Stadt zurückgeschlagen wurde. Die Aufständischen agierten, da der Kaiser immer noch nicht bereit war Ladislaus aus der Vormundschaft zu entlassen, fortan offensiv und standen bereits am 29. August vor Wiener Neustadt, wo Friedrich seit seiner Ankunft residierte.[30] In Folge der kontinuierlichen Ausschreitungen musste Friedrich Ladislaus schließlich im Waffenstillstand des Septembers 1452 an den Grafen Ulrich von Cilli freigeben. Die Krisen in Österreich zwangen Friedrich fortan zu defensiver Passivität. Friedrich entzog sich für die kommenden Jahre weitgehend den anhaltenden Streitigkeiten um die Vormundschaft und konzentrierte sich auf die Herzogtümer Steiermark, Kärnten und Krain. Die meiste Zeit blieb er in Wiener Neustadt. Am 23. November 1457 starb Ladislaus völlig unerwartet. Mit seinem Tod endete die albertinische Linie des Hauses Habsburg, die durch den 1379 geschlossenen Vertrag von Neuberg von Albrecht III. von Österreich begründet worden war. Dadurch erhoben Friedrich und sein Bruder Albrecht VI. Erbansprüche auf Ober- und Niederösterreich, die zu schwerwiegenden Verhandlungen führten. 1461 brach ein offener, militärisch geführter Krieg zwischen den Brüdern aus, in dessen Folge Friedrich 1462 in der Wiener Burg belagert wurde und sich gegen seinen Bruder nur mit Hilfe des böhmischen Königs Georg verteidigen konnte.[31] Der kaiserliche Ratgeber Thomas Ebendorfer kommentiert die Belagerung Friedrichs als *gravissimas irreverentias invisas a se culis* und macht damit auf die Ernsthaftigkeit der Lage aufmerksam.[32] Sowohl Albrechts Tod 1463, als auch der von Friedrich 1467 in Regensburg verkündete Landfrieden, schufen die Grundlagen für Friedrichs spätere Reichsentwicklungen.[33]

---

30 Koller: Kaiser Friedrich III., S. 126 ff.
31 Lhotsky: Friedrich III., Sp. 484-487.
32 Haller: Kaiser Friedrich III. im Urteil, S. 13.
33 Koller: Friedrich III. (LexMa), Sp. 940-943.

3.3 Die Reise nach Trier – 1473

Im Zuge seiner anhaltenden Bestrebungen, den Habsburger Machtbereich zu vergrößern, suchte Friedrich nach weiteren Möglichkeiten seinen Einfluss in und um seine Hausmacht zu stärken. Die Aufzeichnung der Reise nach Trier, wo Friedrich mit Herzog Karl dem Kühnen von Burgund über seine Friedrich zugesicherte Hilfe gegen die Eidgenossen und um die Vermählung seines Sohnes mit der Tochter des Herzogs verhandeln sollte, beginnt am 24. März mit der Abreise des Königs aus Graz.[34] Von Tag zu Tag kommt dieser nun in der Regel knapp 30 Kilometer voran. Nach dem Aufbruch des Kaisers am 24. März kam es vom 28. März bis zum 11. April in St. Veit an der Glan zum ersten dieser längeren Aufenthalte. Dort traf er sich den Quellen zu Folge mit einer Vielzahl an Rittern und Knechten und seinem Gefolge zu einem Landtag. Seit 1472 fanden hier solche Landtage statt. St. Veit war auch der Ort, wo sich das Gefolge des Kaisers vergrößerte. Sein Sohn Maximilian und seine Tochter Kunigunde, damals acht Jahre alt, stießen zu dem herrscherlichen Zug, ebenso wie der Erzbischof von Mainz und der Bruder des türkischen Kaisers. Der vorgebliche Halbbruder Mechmeds II., Bajezid Osman war von Papst Calixt III. getauft worden. Er nannte sich nun Calixt Ottomanus und war dem Kaiser 1453 oder 1468 zur Seite gestellt worden. Friedrich III. hielt ihn an seinem Hof. Vermutlich tat er dies in der Absicht, bei Gelegenheit mit Hilfe dieses Prinzen Ansprüche auf den byzantinischen Thron zu erheben. Auf unserer Reise begleitete Calixt Ottomanus den Kaiser. Er wird wiederholt genannt, und man weiß auch aus anderen Quellen, dass er in Trier bei einer Begegnung mit dem Herzog von Burgund in den Vordergrund gestellt wurde. Nach diesem Landtag ging die Reise eilig weiter, wie man nicht nur an den von Tag zu Tag wechselnden Übernachtungsorten sieht. Man sieht es auch daran, dass das Osterfest sich im Itinerar kaum abzeichnet. Immerhin war der Gründonnerstag ein Rasttag, während am Karfreitag weiter gereist wurde, ebenso wie am Ostersonnabend. Den Ostertag selbst verbrachte der Kaiser in Salzburg, doch am Ostermontag setzte er seine Reise, vermutlich auf Grund der weniger erschwerten Reiseroute, fort. Der nächste längere Aufenthalt fand in Augsburg statt, wo sich Friedrich III. vom 26. April bis zum 14. Juni sowohl zu einem Reichstag, aber auch zur Feier des Pfingstfestes aufhielt. Dort stießen zu den schon genannten Reichsfürsten noch weitere hinzu, und auch Botschafter ausländischer Fürsten versammelten sich am mobilen Hof des Kaisers.[35]

---

34 Lhotsky: Friedrich III., Sp. 484-487.
35 Boockmann, Hartmut: Kaiser Friedrich III. unterwegs, in: Deutsches Archiv für Erforschung des Mittelalters Bd. 54 (1998), S. 567-582, S. 570-577 (Im Folgenden zitiert als: Boockmann: Kaiser Friedrich III. unterwegs).

An die langen Augsburger Tage schloss sich eine ebenfalls umfangreicher Aufenthalt in Ulm an, bei dem die Quellen insbesondere von einem aufwendigen Herrscherempfang in der Reichsstadt schreiben. Auch der nächste größere Aufenthalt, der vom 30. Juni bis zum 16. August in Baden stattfand, war die Gelegenheit, mit einer langen Reihe von Fürsten zu verhandeln. Freiburg im Breisgau war dem Kaiser und seinem Hof schließlich eine knappe Woche Aufenthalt wert, wobei der konkrete Grund dafür nicht expliziert wird. Nachvollziehbar ist jedoch, warum sich Friedrich III. zehn Tage lang in Basel aufhielt. Hier verhandelte er mit den Eidgenossen und mit Peter von Hagenbach, dem berüchtigten Statthalter des burgundischen Herzogs im Elsaß. Der nächste längere Aufenthalt des Kaisers fand schon in Trier statt, und diese Tage vom 28. September bis zum 25. November waren der Anlass der ganzen Reise. Friedrich III. traf sich mit dem Herzog von Burgund, um wegen der Heirat seines Sohnes Maximilian mit der Tochter Karls des Kühnen zu verhandeln.[36] Des Kaisers Verhalten gegenüber Herzog Karl dem Kühnen von Burgund, der mit seiner Hilfe König und Kaiser werden wollte, angeblich um dann Maximilian, dem seine Tochter Maria zugedacht war, zu denselben Würden zu verhelfen, beweist, dass Friedrich das Ränkespiel durchschaute und die Sachlage richtig beurteilte. Friedrich verließ in Folge der eigentlich positiv laufenden Verhandlungen daher den burgundischen Herzog. Wenige Jahre später konnte nach dem Fall Karls die verzögerte Eheschließung Maximilians mit Maria 1477 ohne Gegenleistung erzielt und die burgundischen Gebiete der Habsburger Hausmacht einverleibt werden.[37] Für Friedrich rückte die Türkenabwehr wieder in den Vordergrund seiner Bestrebungen. Er zog sich in seine Erblande zurück und blieb für Jahre in Graz und Wien.[38] Die Zeitgenossen kritisieren allerdings scharf die Gleichgültigkeit Friedrichs, mit der er die Türkenabwehr ausführte. So schreibt Georg Schamdocher zu den durch die militärische Einfälle erlittene Niederlagen gegen die Osmanen 1474 in den österreichische Gebieten: "*des lacht Kayser Fridrich durch die finger, der was; dieweil im Reich und lag zu veld wider den Herzogen; zu Burgundi.*"[39]

1482 starb Maria, die Frau Maximilians überraschend bei einem Jagdunfall, was die Legitimation des habsburgischen Erbes schlagartig erneut in Frage stellte. Ihr früher Tod ermöglichte es Frankreich, erneut Ansprüche auf das Erbe zu erheben. Es folgten militärische Auseinandersetzungen, die erst im Frieden von Senlis im Mai 1493 die gewonnenen Habsburger Gebiete aus dem Erbe Karls des Kühnen mit Ausnahme einiger französischer

---

36 Ebd., S. 570-577.
37 Lhotsky: Friedrich III., Sp. 484-487.
38 Koller: Kaiser Friedrich III., S. 200 f.
39 Haller: Kaiser Friedrich III. im Urteil, S. 88.

Grafschaften und des Herzogtums Burgund sicherten.[40] Friedrich hingegen wurde mit Auseinandersetzung mit dem Ungarn Matthias Corvinus zugleich im Osten seines Machtbereiches bedroht. Nach rund zehn Jahren der Abwesenheit war Friedrich seit 1485 für vier Jahre im Reich unterwegs, um bei den Reichsfürsten und Reichsstädten Hilfe gegen den Ungarn zu finden, die Nachfolge seines Sohnes als Erben des Reiches sicher zu stellen und seine Politik ambulant auszuführen.[41]

3.4 Die Reise zum Frankfurter Reichstag – 1486

Nicht nur die offensive ungarische Expansionspolitik in den österreichischen Machtbereiche erschwerte die Herrschaft Friedrichs, sondern auch die Wittelsbacher Expansionspolitik im süddeutschen Raum. Albrecht IV. versuchte die Reichsstadt Regensburg gegen den Willen des Kaisers seinem eigenen Herrschaftsbereich einzugliedern. In dieser schwierigen Situation musste Friedrich daher zunächst die Nachfolge des Sohnes zu seinen eigenen Lebzeiten sichern. Nachdem Matthias Corvinus weiter im österreichischen Machtbereich bis Wien vorgedrungen war und dem Kaiser den Willen der Stadtverwaltung zur Übergabe an Matthias Corvinus mitgeteilt wurde, kündigte der Kaiser seine Reisepläne an. Noch vor seinem Aufbruch suchte Friedrich III. die österreichischen Erblande in die Obhut bewährter und vertrauenswürdiger Männer zu stellen. Seiner bevorzugten Residenzstadt Wiener Neustadt galt hierbei die größte Sorge: Zum Hauptmann und Befehlshaber über 1.000 Mann hatte er dort Hans Wulfersdorfer bestellt. Weiterhin sollte er defensiv durch Reinprecht von Reichenburg unterstützt werden. Wie geplant trat nun Kaiser Friedrich den Weg ins Reich von Linz aus über die tiroler Gebiete an. Anfang Juli kam Friedrich III. in Innsbruck an. Seine Tochter Kunigunde, die sich zwischenzeitlich in Neuburg aufgehalten hatte, ließ er hierher kommen und betraute dort Erzherzog Sigmund mit dem Schutz seiner Tochter. Durch seine erfolgreichen Feldzüge, huldigte ein nicht unerheblicher Teil der niederösterreichischen Landstände König Matthias Corvinus von Ungarn. Auf seiner Reise von Reichsstadt zu Reichsstadt, von denen er in Oberdeutschland kaum eine ausließ, warb der Kaiser um Hilfe für den Ungarnfeldzug.

Beeindruckt von seiner seiner Mobilität im Alter von 69 Jahren und seiner Gegenwart an sich, die man im Reich lange Zeiten nicht vernommen hatte, wurde ihm überall militärische Unterstützung zugesagt, obwohl der Aufenthalt des Reichsoberhauptes und seines Gefolges an sich schon wegen der Ehrengeschenke, die man überreicht hatte, kostspielig war. Ein kurzer

---

40 Koller: Kaiser Friedrich III., S. 220 ff.
41 Krieger: Die Habsburger, S. 220-224.

Abriss der Reise zeigt, dass Friedrich zügig von einer Reichsstadt zur nächsten gereist war und sich kaum Ruhe gegönnt hat, um seiner Werbung an möglichst vielen Orten in möglichst kurzer Zeit durch seine persönliche Gegenwart Nachdruck zu verleihen. Das Reichsoberhaupt reiste mit nicht zu großem Gefolge: Den überlieferten Aufzeichnungen nach, begleiteten ihn Hofmarschall Sigmund Prüschenk mit 32 Pferden, der Kämmerer Sigmund Niedertor mit 24 Pferden, Graf Haug von Werdenberg mit 15 Pferden, die Römische Kanzlei mit dem Leiter der Kanzleigeschäfte, Protonotar Johann Waldner mit 16 Pferden, die österreichische Kanzlei mit 9 Pferden. Den Kaiser selbst begleiteten 12 zum Kriegsdienst taugliche Pferde und 24 Wagenpferde. Mit den Räten und dem Rest des reisefähigen Hofes zählte man insgesamt über 400 Pferde.[42] Die personelle Zusammensetzung des Hofrates Friedrichs III. zeigt, dass sein Kern von Angehörigen des niederen Adels der Steiermark, Kärntens und Krains gebildet wurde, für die lebenslanger Dienst und der enge Zusammenschluss charakteristisch waren. Friedrich war also in Begleitung seiner jahrelang treuen Vertrauten und Berater.[43] Von Innsbruck aus, wo sich der Kaiser noch am 8. Juli aufgehalten hatte, zog man nach Schwaben, über Füssen nach Kempten. Nach einem viertägigen Aufenthalt ging es über Memmingen weiter nach Ulm, wo er am 27. Juli eintraf. In Ulm übergab der Kaiser der Stadt einige Truhen zur Aufbewahrung, die unter anderem den privaten Kaiserornat, den Friedrich III. zur Belehnung der Fürsten trug, verwahrten. Über einen kurzen Aufenthalt in Biberach und in Ravensburg erreichte er den Bodensee in Lindau, verweilte auch dort nur kurz und bezog nach einer Übernachtung in Buchhorn am 9. August in Konstanz, das er mit einem Lindauer Schiff erreichte, in der Bischofspfalz für längere Zeit Quartier. Von Konstanz aus machte er kleinere Ausflüge zu den Inseln Reichenau und Mainau. Bis zum 15. August behielt der Kaiser sicher sein Quartier in Konstanz, danach urkundete er mehrfach in Überlingen, nämlich vom 16. bis 20. August, was es wahrscheinlich erscheinen lässt, vor allem nachdem er vom Bürgermeister in die Stadt eingeladen worden war, dass Friedrich III. auch dort ein paar Tage nächtigte.

Nach seinem über vierzehntägigen Aufenthalt am Bodensee brach der Kaiser von Überlingen aus Richtung Rottweil am Neckar, dem Sitz des kaiserlichen Hofgerichts. auf und erreichte kam am 24. August an. Nach einem Abstecher nach Reutlingen, wo er am 28. August eintraf, wandte sich das Reichsoberhaupt in nordwestlicher Richtung über Pforzheim an den

---

42 Wolf, Susanne: Die Doppelregierung Kaiser Friedrichs III. und König Maximilians (1486-1493). Grundlagen und Probleme habsburgischer Reichsherrschaft am Ende des Mittelalters (Forschungen zur Kaiser- und Papstgeschichte des Mittelalters. Beihefte zu J. F. Böhmer, Regesta Imperii / 25), Köln 2005, S. 54 ff. (Im Folgenden zitiert als: Wolf: Die Doppelregierung).
43 Ehlers, Joachim; Schneidmüller, Bernd: Zusammenfassung, in: Peter Moraw (Hg.): Deutscher Königshof, Hoftag und Reichstag im späten Mittelalter, Stuttgart 2002, S. 581-613, S. 589.

Oberrhein nach Baden-Baden. Dort am 6. September am markgräflichen Hof angekommen, begegnete Friedrich III. dem Erzbischof von Trier und dem Bischof von Speyer und erholte sich von den Reisestrapazen. Sicher ist, dass der Kaiser seinen Weg zu Maximilian nehmen wollte, denn am 5. September wusste dieser bereits über die Absichten seines Vaters Bescheid. Als er sein nächsten Reiseziel Straßburg über einen längeren Halt in Hagenau erreichte, verweilte er mit seinem Hof dort zwei Tage und traf auf eine burgundische Gesandtschaft Maximilians. Anschließend scheint sich der Kaiser von Straßburg aus Richtung Mainz in Bewegung gesetzt zu haben. Friedrich III. hat aber, nachdem er die Nachricht von der Belagerung Wiener Neustadts durch den Ungarnkönig erhalten hatte, seine Pläne geändert und sich nochmals auf linksrheinisches Gebiet begeben um die Reichsstadt Weißenburg und nochmals Hagenau zu besuchen. Dann reiste er in Richtung Osten über Ettlingen und Eßlingen, wo er vom 30. September auf den 1. Oktober übernachtete ging es nach Schwäbisch Hall, von wo aus er am 6. Oktober die Einladung an Kurfürst Albrecht von Brandenburg sendete. Zu Beratungsgesprächen am Montag, den 10. Oktober traf er sich in Dinkelsbühl mit diesem, sowie Eberhard der Jüngere von Württemberg und dem Bischof von Eichstätt. Nach den Dinkelsbühler Verhandlungen brach der Kaiser zu einem Treffen mit den Herzögen von Sachsen nach Bamberg auf. Am 14. Oktober war der Kaiser nach einem Halt in Eschenbach in Schwabach, wo er nochmals diplomatische Gespräche führte. Nach der Weiterführung der Reise, brach der Am 17. Oktober von Nürnberg auf und zog nach einer Übernachtung im brandenburgischen Baiersdorf und einem Besuch des Wallfahrtsortes Vierzehnheiligen nach Bamberg. In Bamberg blieb Friedrich III. vom 20. bis zum 26. Oktober zu Unterhandlungen mit den Herzögen Ernst und Albrecht von Sachsen, danach kehrte er nach Nürnberg zurück, um sich dort nochmals 14 Tage aufzuhalten. In Nürnberg fiel die Entscheidung, einen Reichstag in Würzburg am 8. Dezember abzuhalten, der jedoch unmittelbar danach um acht Tage auf den 15. Dezember verschoben wurde. Von Nürnberg aus begab sich der Kaiser nochmals ins Schwäbische. Über die Reichsstadt Weißenburg ging es nach Donauwörth, Augsburg, Nördlingen, Crailsheim erreichte er am 27. November in der Nacht Aschaffenburg, wo er von Erzbischof Berthold von Mainz empfangen wurde.

Auch am nächsten Tag in Steinheim genoss der Kaiser nochmals die Gastfreundschaft des Mainzer Kurfürsten. Am 29. November kam der Kaiser schließlich in Frankfurt an. Von Frankfurt aus wurden die Kurfürsten davon unterrichtet, dass seit dem Ausschreiben des Würzburger Tages Probleme aufgetaucht seien, die es erforderten, dass der Kaiser sich zu Maximilian begebe, um ihn zu der Teilnahme am Reichstag zu bewegen, da dessen Anwesenheit sehr wichtig sei. Der Reichstag werde in Frankfurt stattfinden. Noch am 2.

Dezember stellte er für Erzbischof Johann von Gran einen Geleitbrief aus und bat die Kurfürsten, diesen zu respektieren, da er den Erzbischof für wichtige Geschäfte im Reich benötige. Am 4. Dezember nachmittags brach er von Frankfurt auf und erreichte über Wiesbaden, Koblenz, Andernach, Remagen und Bonn die Stadt Köln am 12. Dezember, wo er eine Woche verblieb. Der Kaiser zog schließlich seinem Sohn nach Aachen entgegen, traf dort am 21. Dezember ein; einen Tag später hielt Maximilian seinen Einzug in der altehrwürdigen Krönungsstadt des Reiches. Seit 1477, als der achtzehnjährige Maximilian für die Hochzeit mit Maria von Burgund aus Wien aufgebrochen war, hatten sich Vater und Sohn nicht wiedergesehen. Beide Habsburger verbrachten die Weihnachtsfeiertage und den Beginn des Neuen Jahres in Aachen. Durch Hochwasser an der zügigen Weiterreise gehindert, trafen Vater und Sohn verspätet am 30. Januar 1486 in Frankfurt zum Reichstag ein, in dessen Folge Friedrich die Nachfolge seines Sohnes durch seine Ernennung zum römisch-deutschen König sicherstellte.[44] Die besetzten Kernlande konnten nach Tod des Königs von Ungarn 1490 ohne gravierende Hindernisse wieder zurückgewonnen werden. Im Pressburger Friedensvertrag vom 7. November 1491 konnten die Habsburger ihre territoriale Machtbasis im Osten gegenüber Ungarn und dem neuen König Wladislaw sichern. Im Falle des Fehlens von Erben des neuen Königs sollte Ungarn sogar an Maximilian übergehen, was sich 1526 verwirklichte. Insgesamt scheiterte also zwar die Rückeroberung der den Habsburgern entrissenen Stammgebiete, doch es wurden neue bedeutende Teile, unter anderem auch aus burgundischen Gebieten, gewonnen und Dank dem Zutun seines Sohnes langfristig durch die Habsburger Dynastie behauptet.[45]

4. Itinerar und politische Wirksamkeit Friedrichs III.

Was aus den explizierten politischen Reisen Friedrichs hervorgeht, zeigt sich noch übersichtlicher mit Blick auf sein Gesamtitinerar. Als ein Itinerar gilt ein vorwiegend aus dokumentarischen, grundsätzlich jedoch allen Quellenbeständen abgeleitetes Konstrukt, welches aus einem Kontinuum von Raum-Zeit-Daten den Reiseweg einer Person oder Personengruppe ermittelt und ihn tabellarisch oder kartographisch darstellt. Die Itinerarforschung sucht also nach markanten Gliederungsmöglichkeiten der Aufenthaltsorte eines Herrschers, welche dadurch als Indikator für den Zustand der Herrschaft des reisenden bzw. residierenden Herrschers nutzbar gemacht werden können. Bei der Strukturanalyse des

---

44 Wolf: Die Doppelregierung, S. 56 ff.
45 Koller: Friedrich III. (LexMa), Sp. 940-943.

Itinerars Friedrich III. können durch die Absetzung von bewegungsintensiven und stationären Phasen signifikante Rückschlüsse auf die Frage nach der praktizierten Reise- bzw. Residenzherrschaft gezogen werden.[46] Friedrich bereiste das Binnenreich ohne Unterbrechungen ganze 27 Jahre, also die Hälfte seiner langen Regierungszeit, überhaupt nicht und verbrachte seine Zeit in den abseits gelegenen Erblanden. Die Gründe dafür liegen für den verdienten Historiker Paul-Joachim Heinig fraglos auch, aber keineswegs ausschließlich in der vielbeschworenen Lethargie dieses Habsburgers. Er interpretiert Friedrichs Abkehr vom Reich als einen kritischen, unter krisenhaften Bedingungen vollzogenen Versuch zur Lösung des prinzipiellen mittelalterlichen Dualismus zwischen den Komplexen Dynastie und Hausmacht einerseits und dem Reich andererseits.[47] Heinrich Koller kommt zu ähnlichen Ansichten und verweist darauf, dass äußere Umstände, sowie häufige Folgen von Konflikten und Schulden seiner Vorgänger den Kaiser zu drastischen Maßnahmen drängten.[48] Karl-Friedrich Krieger macht darauf aufmerksam, dass viele der Zeitgenossen Friedrich auch auf Grund seiner anderen Charakterzüge negativ beurteilten. Friedrich erschien im Gegensatz zu anderen Herrscherpersönlichkeiten seiner Zeit relativ introvertiert. So wurde der Umstand, dass der Habsburger bei offiziellen Anlässen selten selbst das Wort ergriff, sondern meist andere für sich sprechen ließ, vor allem von in Italien als negativ bewertet. Außerdem hatte er einen ausgeprägten Sinn für die Knappheit der zur Verfügung stehenden finanziellen Mittel, was sich nicht zuletzt auch in einer grundsätzlich sparsamen Haushaltsführung niedergeschlagen haben dürfte. Die Zeitgenossen scheinen auf diese Art kaiserlicher Persönlichkeitsentfaltung überwiegend negativ, zum Teil sogar aggressiv reagiert zu haben.[49] Bei der konkreten Betrachtung der Aufenthaltsorte Friedrichs sind einige Aspekte auffallend: Zunächst lässt sich natürlich eine deutliche Konzentration der aufgesuchten Orte für seine österreichischen Erblande erkennen. Ebenfalls ist die Reiseroute Richtung Süden nach Rom mit Abstechern nach Neapel und Ancona deutlich zu erkennen. Außerdem sind häufige Besuche der Orte entlang des Rheines auffallend. Ausreißer im Nordwesten stellen die Aufenthalte in den Gebieten Flanderns und im Südwesten um den Genfer See dar. Selten führten ihn seine Wege nördlich über den Main hinaus. Weiter im östlich bereisten Gebiet bildet die Donau die nördliche Aufenthaltsgrenze, ausgenommen vereinzelte Aufenthalte wie in Zwettl oder Weitra und Brünn als Ausreißer.

---

46 Laczny: Friedrich III. auf Reisen, S. 45.
47 Heinig, Paul-Joachim: Friedrich III. (1440-1493). Hof, Regierung und Politik. Zweiter Teil (Forschungen zur Kaiser- und Papstgeschichte des Mittelalters. Beihefte zu J. F. Böhmer, Regesta Imperii / 17), Köln [u.a.] 1997, S. 814 ff. (Im Folgenden zitiert als: Heinig: Friedrich III.)
48 Koller: Friedrich III. (LexMa), Sp. 940-943.
49 Krieger, Karl-Friedrich: Der Hof Friedrichs III. von außen gesehen, in: Peter Moraw (Hg.): Deutscher Königshof, Hoftag und Reichstag im späten Mittelalter, Stuttgart 2002, S. 163-190, S. 170 ff.

Südwestlich der Alpen ist ein Aufenthalt Friedrichs ebenfalls nicht nachweisbar. Friedrich beehrte damit während seiner Regierungszeit bei Weitem nicht das gesamte Reichsgebiet des Heiligen Römischen Reiches mit seiner Anwesenheit.[50] Im Hinblick auf die politische Wirksamkeit Friedrichs lässt sich allerdings vermerken, dass die Außenwirkung Friedrichs III. und seines Hofs zum einen erheblich größer als bisher angenommen, unterlag aber zum anderen erheblichen Schwankungen und entwickelte sich erst im Verlaufe mehrerer Schübe vom Territorium zum außererbländischen Binnenreich.[51] Die mittelalterliche Herrschergewalt wurde freilich noch immer in der Regel durch den häufigen Ortswechsel erhalten bzw. bekräftigt. Ein Königsbesuch erinnerte die Knotenpunkte des großen Machtnetzwerkes an ihre Loyalität dem Herrscher gegenüber. Bei Friedrich III. zeigt sich in bestimmten Perioden sowohl sein Wirken durch die Reise- als auch die seiner Residenzherrschaft. Während der gesamten Regierungszeit über 53 Jahre als König und davon 41 Jahre als Kaiser legte Friedrich mindestens eine Distanz von 33.826 Kilometern zurück. Rein rechnerisch entspricht dies 632 Kilometern pro Jahr und 12 Kilometern pro Woche. Allerdings wird anhand der nachweisbaren Daten im Itinerar Friedrichs deutlich, dass die Varianz von teils hoch bewegungsintensiven, sowie teils komplett unmobilen Bewegungsphasen klar und über Jahre hinweg zu erkennen ist.[52] Das Itinerar Friedrichs III. allein gibt jedoch keine klare Vorstellung über die Wirksamkeit seiner Politik. Denn auch während der Abwesenheit vom Reich sicherte sich der Habsburger politischen Einfluss, der einerseits vom Kaiserhof ausgehend von Richtern und kaiserlichen Geschäftsträgern und andererseits im Reich von einer ständig mit Wiener Neustadt in Verbindung stehenden kaisertreuen Fürstenpartei getragen wurde.[53] Das Gesamtbild von der Reichspolitik Friedrichs III. bleibt im Gegensatz zu seiner Hausmachtspolitik nach Ansicht des Historikers Peter Franz Kramml zusammenhanglos und ohne klare Konturen. Es sei schwer zu sagen ob Friedrich ein größeres Konzept des Habsburger Reiches vor Augen hatte.[54] Doch war es gerade die Zeit Friedrichs und die seines Sohnes, in der die Grundlagen dafür geschaffen wurden, dass sich die spätmittelalterliche Großdynastie Habsburg, bis in die Moderne hinein nachwirkend, als eine der maßgeblichen Kräfte der deutschen Geschichte entwickelte.[55] Friedrich III. erscheint mit seiner

---

50 Laczny: Friedrich III. auf Reisen, S. 55.
51 Heinig, Paul-Joachim: Der Hof Kaiser Friedrichs III. Außenwirkung und nach außen Wirkende, in: Peter Moraw (Hg.): Deutscher Königshof, Hoftag und Reichstag im späten Mittelalter, Stuttgart 2002, S. 137-161, S. 139 f.
52 Laczny: Friedrich III. auf Reisen, S. 61.
53 Heinig: Friedrich III, S. 818.
54 Kramml, Peter Franz: Kaiser Friedrich III. und die Reichsstadt Konstanz (1440-1493). Die Bodenseemetropole am Ausgang des Mittelalters (Konstanzer Geschichts- und Rechtsquellen / 29), Sigmaringen 1985, S. 33 f.
55 Moraw, Peter: Fürstentum, Königtum und "Reichsreform" im deutschen Spätmittelalter, in: Walter Heinemeyer (Hg.): Vom Reichsfürstenstande, Köln; Ulm 1987, S. 117-136, S. 124.

Herrschaftspraxis als Herrscher der Zeitwende. Das sachlich und methodisch folgenreichste Ergebnis der Analyse des Gesamtitinerars ist deshalb nicht die Bestätigung der Abwesenheit Friedrichs vom außererbländischen Binnenreich, sondern die Spiegelung der Neuorientierung seiner Politik seit etwa 1470 im Itinerar. Diese Wiederaufnahme der ambulanten Herrschaftsausübung ging einher mit tiefgreifenden Verschiebungen im Regierungssystem Friedrichs, die Dualismus zwischen Verwaltung vom Reich und den eigenen Erblanden ersteres nun die primäre Aufmerksamkeit gewidmet wurde.[56] Mit Hilfe des Itinerars Friedrichs III., welches auf dem *Historical Geographic Information System* die insgesamt knapp 18.000 digitalisierten Regesten des Kaisers berücksichtigt, kommt daher Joachim Laczny 2014 zu der Schlussfolgerung, dass man Friedrich mit der Berücksichtigung des vollständigen Datensatzes nur schwerlich als Erzschlafmütze des Heiligen Römischen Reiches bezeichnen kann.[57]

5. Fazit

Die vermeintlich geringe politische Wirksamkeit Friedrichs III. im Reich wurde stets auch mit seiner geringen Reisetätigkeit und somit der Tatsache begründet, dass der Habsburger der mittelalterlichen Notwendigkeit der persönlichen Herrschaftsausführung vor Ort aus den bereits explizierten Gründen nur zeitweise entsprochen habe. Die tatsächliche Umsetzung der von ihm praktizierte zeittypischen Mischform von Reise- und Residenzherrschaft wird mit Blick auf sein Itinerar deutlich. Gesteuert von seinen Bestrebungen der Stärkung seiner Hausmacht, praktizierte er seine Herrschaft in manchen Phasen seines Lebens als eine Art präsidenziellen Regierung. Dadurch, dass er seine Erblande 27 Jahre lang überhaupt nicht verließ und auch sonst Charakterzüge aufwies, die vielen Reichsbürgern, Herrschaftsträgern und Chronisten missfielen, wurden die Beziehungen zu diesen und sogar zu den traditionell königsnahen Kräften im außererbländischen Binnenreich zwangsläufig überdehnt, was dem Kaiser ein hartnäckiges Negativbild bei Zeitgenossen, Chronisten der Neuzeit und auch bei Historikern einbrachte. Friedrich III. intendierte seine Art der Herrschaftspraxis jedoch freilich nicht willentlich. Vielmehr ergab sie sich durch die Handlungen seiner Gegner, sowie seine persönlichen Anliegen und Bestrebungen. Der prinzipielle mittelalterliche Dualismus, zwischen der eigenen Dynastie einerseits und dem Reich andererseits, überforderte mit heutigem Blick auf das Leben des Kaisers eben diesen in der nachweislich höchst turbulenten Regierungsphase am Beginn der Zeitenwende.

---

56 Heinig: Friedrich III, S. 819.
57 Laczny: Friedrich III. auf Reisen, S. 37.

Quellenverzeichnis

- Hack, Achim Thomas: Ein anonymer Romzugsbericht von 1452 (PS-Enenkel) mit den zugehörigen Personenlisten: (Teilnehmerlisten, Ritterschlagslisten, römische Einzugsordnung) (Zeitschrift für deutsches Altertum und deutsche Literatur. Beiheft / 7), Stuttgart 2007.

- Haller, Brigitte: Kaiser Friedrich III. im Urteil der Zeitgenossen (Wiener Dissertationen aus dem Gebiete der Geschichte ; 5), Wien 1965.

- Mone, Franz Joseph (Hg.): 183. Kriege in Teutschland. Unthätigkeit des Kaisers, in: Quellensammlung der badischen Landesgeschichte Bd. 1, Karlsruhe 1848.

Literaturverzeichnis

- Boockmann, Hartmut: Kaiser Friedrich III. unterwegs, in: Deutsches Archiv für Erforschung des Mittelalters Bd. 54 (1998), S. 567-582.

- Ehlers, Joachim; Schneidmüller, Bernd: Zusammenfassung, in: Peter Moraw (Hg.): Deutscher Königshof, Hoftag und Reichstag im späten Mittelalter, Stuttgart 2002, S. 581-613.

- Heinig, Paul-Joachim: Der Hof Kaiser Friedrichs III. Außenwirkung und nach außen Wirkende, in: Peter Moraw (Hg.): Deutscher Königshof, Hoftag und Reichstag im späten Mittelalter, Stuttgart 2002, S. 137-161.

- Heinig, Paul-Joachim: Friedrich III. (1440-1493). Hof, Regierung und Politik. Zweiter Teil (Forschungen zur Kaiser- und Papstgeschichte des Mittelalters. Beihefte zu J. F. Böhmer, Regesta Imperii / 17), Köln [u.a.] 1997.

- Koller, Heinrich: Art. Friedrich III., in: LexMa 4 (1989), Sp. 940-943.

- Koller, Heinrich: Kaiser Friedrich III. (Gestalten des Mittelalters und der Renaissance), Darmstadt 2005.

- Kramml, Peter Franz: Kaiser Friedrich III. und die Reichsstadt Konstanz (1440-1493). Die Bodenseemetropole am Ausgang des Mittelalters (Konstanzer Geschichts- und Rechtsquellen / 29), Sigmaringen 1985.

- Krieger, Karl-Friedrich: Der Hof Friedrichs III. von außen gesehen, in: Peter Moraw (Hg.): Deutscher Königshof, Hoftag und Reichstag im späten Mittelalter, Stuttgart 2002, S. 163-190.

- Krieger, Karl-Friedrich: Die Habsburger im Mittelalter. Von Rudolf I. bis Friedrich III. (Kohlhammer-Urban-Taschenbücher / 452), Stuttgart² [u.a.] 2004.

- Krieger, Karl-Friedrich: König, Reich und Reichsreform im Spätmittelalter, München² 2005.

- Laczny, Joachim: Friedrich III. (1440-1493) auf Reisen. Die Erstellung des Itinerars eines spätmittelalterlichen Herrschers unter Anwendung eines Historical Geographie Information System (Historical GIS), in: Joachim Laczny; Jürgen Sarnowsky (Hgg.): Perzeption und Rezeption: Wahrnehmung und Deutung im Mittelalter und in der Moderne (Nova mediaevalia / 12), Göttingen 2014, S. 33-66.

- Lhotsky, Alphons: Friedrich III, in: Neue Deutsche Biographie 5 (1961), Sp. 484-487.

- Moraw, Peter: Fürstentum, Königtum und "Reichsreform" im deutschen Spätmittelalter, in: Walter Heinemeyer (Hg.): Vom Reichsfürstenstande, Köln; Ulm 1987, S. 117-136.

- Moraw, Peter: Reisen im europäischen Spätmittelalter im Licht der neueren historischen Forschung, in: Xenja von Ertzdorff; Dieter Neukirch; Rudolf Schulz (Hgg.): Reisen und Reiseliteratur im Mittelalter und in der Frühen Neuzeit (Chloe. Beihefte zum Daphnis / 13), Amsterdam 1992, S. 113-139.

- Rill, Bernd: Friedrich III. Habsburgs europäischer Durchbruch, Graz [u.a.] 1987.

- Wolf, Susanne: Die Doppelregierung Kaiser Friedrichs III. und König Maximilians (1486-1493). Grundlagen und Probleme habsburgischer Reichsherrschaft am Ende des Mittelalters (Forschungen zur Kaiser- und Papstgeschichte des Mittelalters. Beihefte zu J. F. Böhmer, Regesta Imperii / 25), Köln 2005.

BEI GRIN MACHT SICH IHR
WISSEN BEZAHLT

- Wir veröffentlichen Ihre Hausarbeit,
  Bachelor- und Masterarbeit

- Ihr eigenes eBook und Buch -
  weltweit in allen wichtigen Shops

- Verdienen Sie an jedem Verkauf

Jetzt bei www.GRIN.com hochladen
und kostenlos publizieren